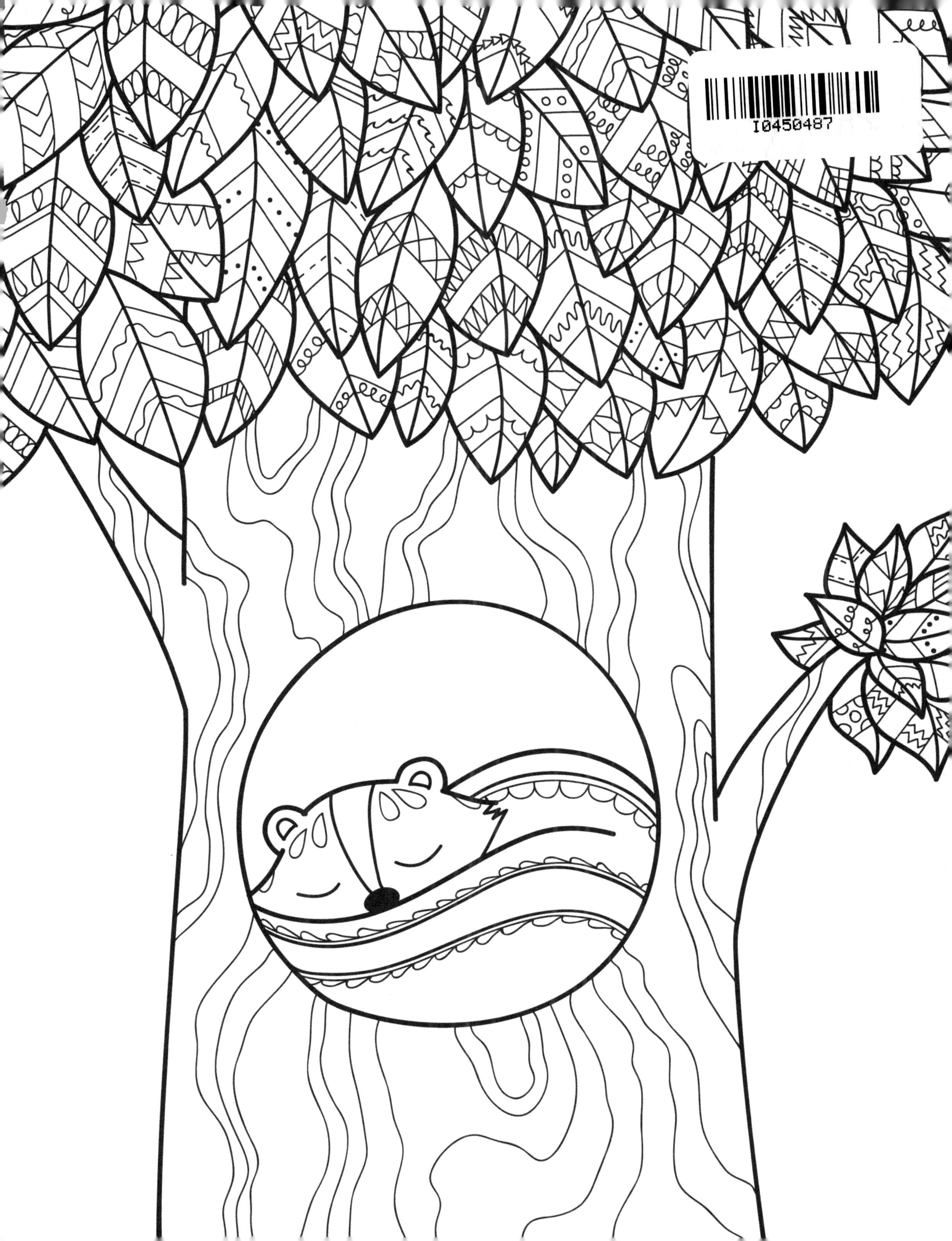

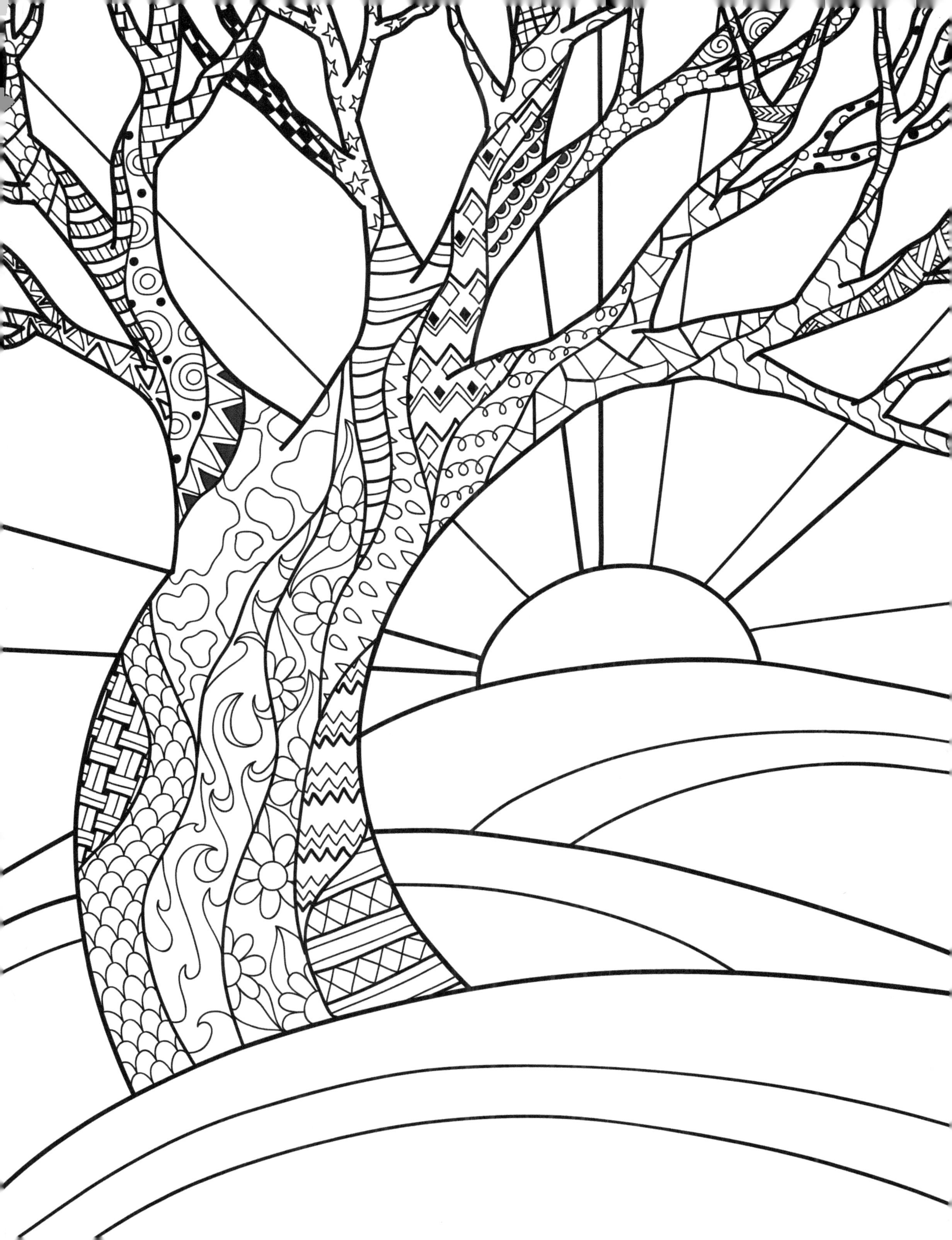

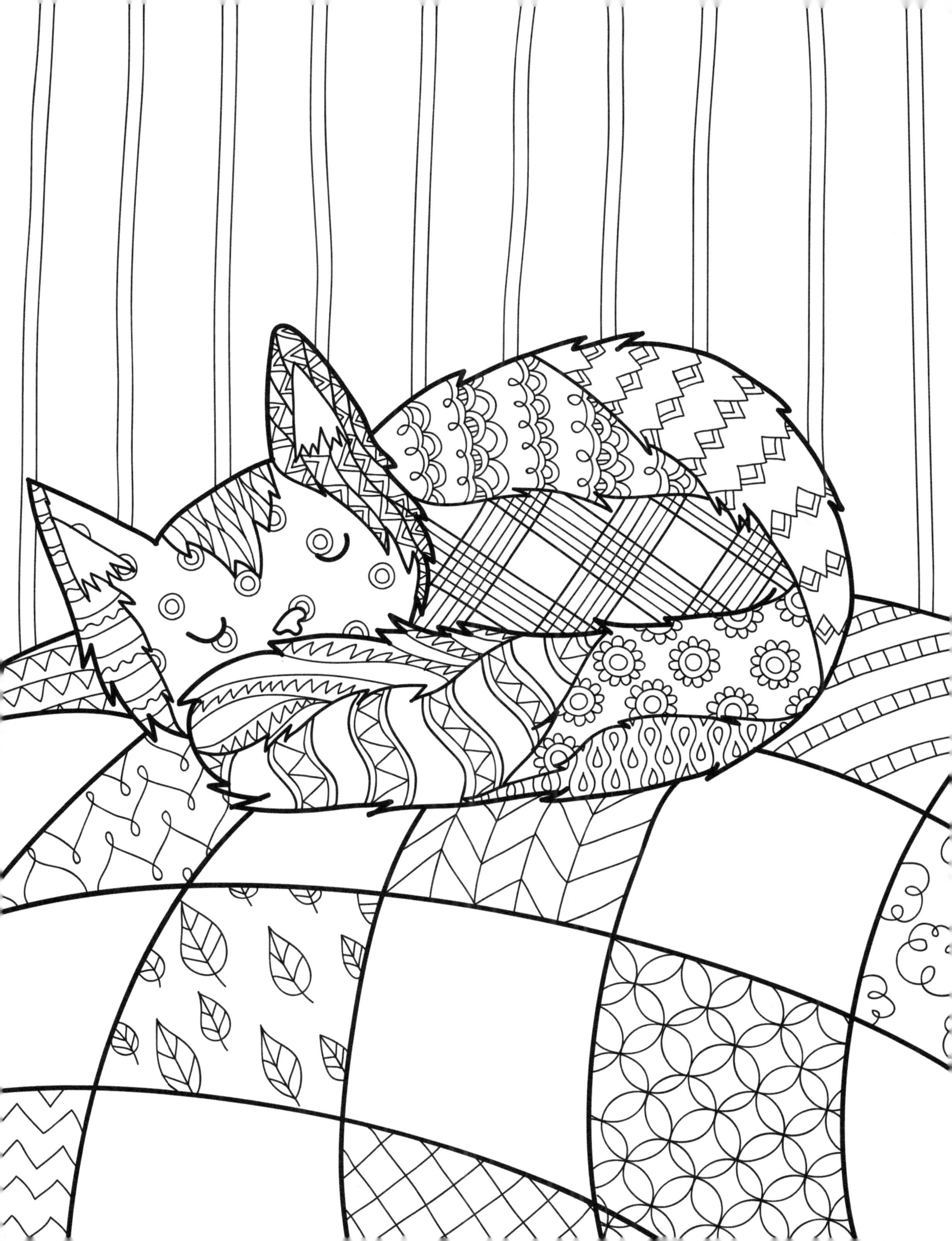

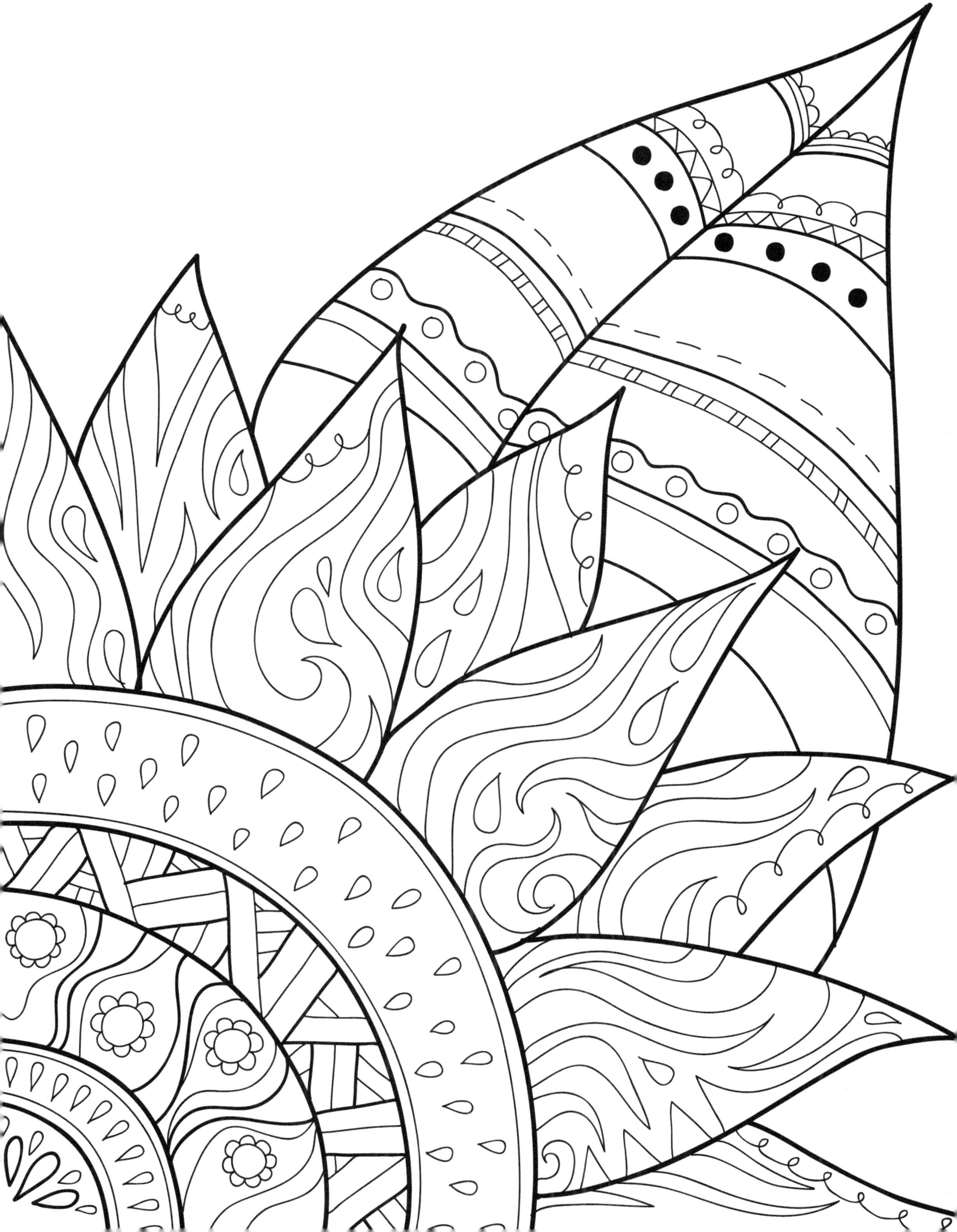

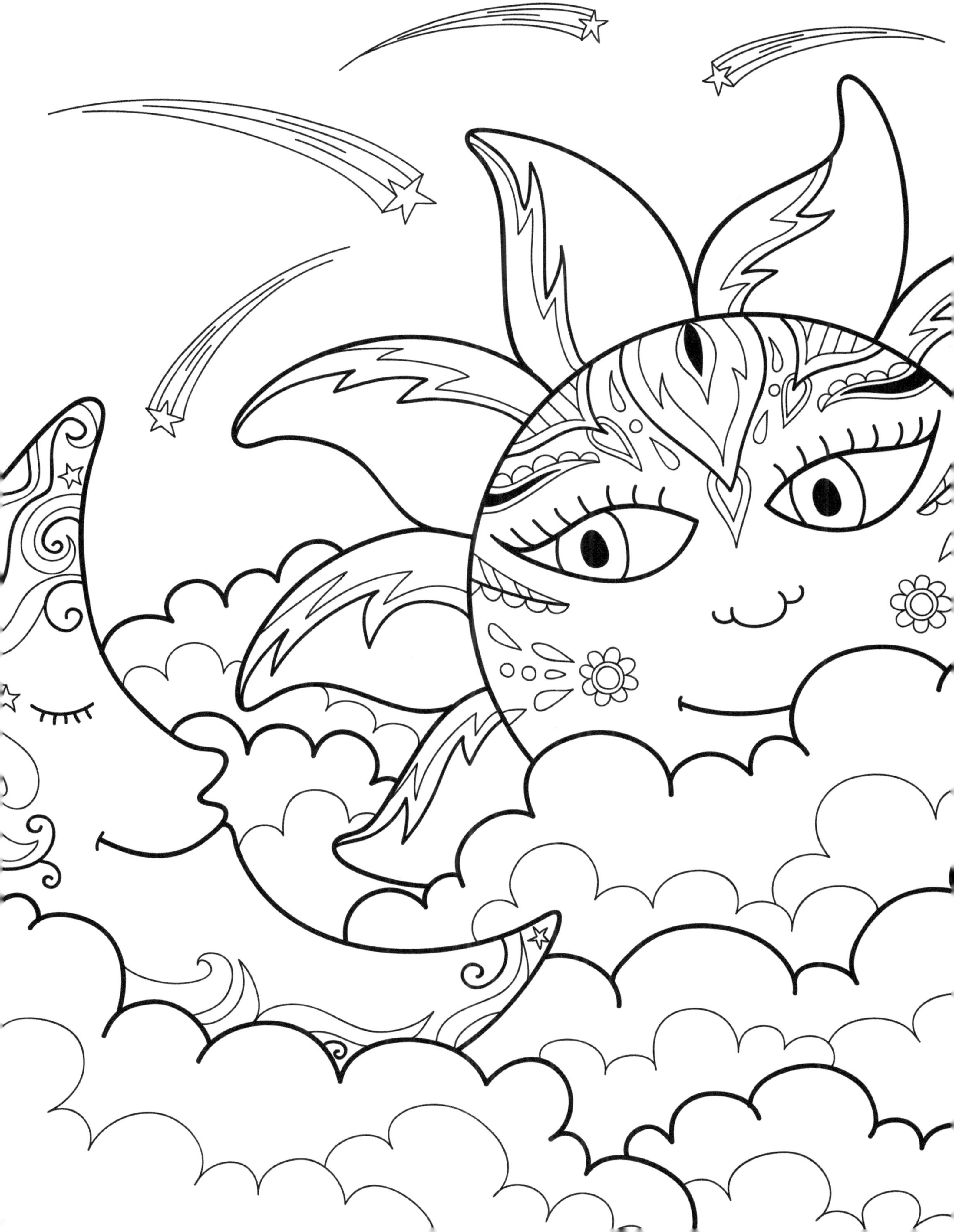

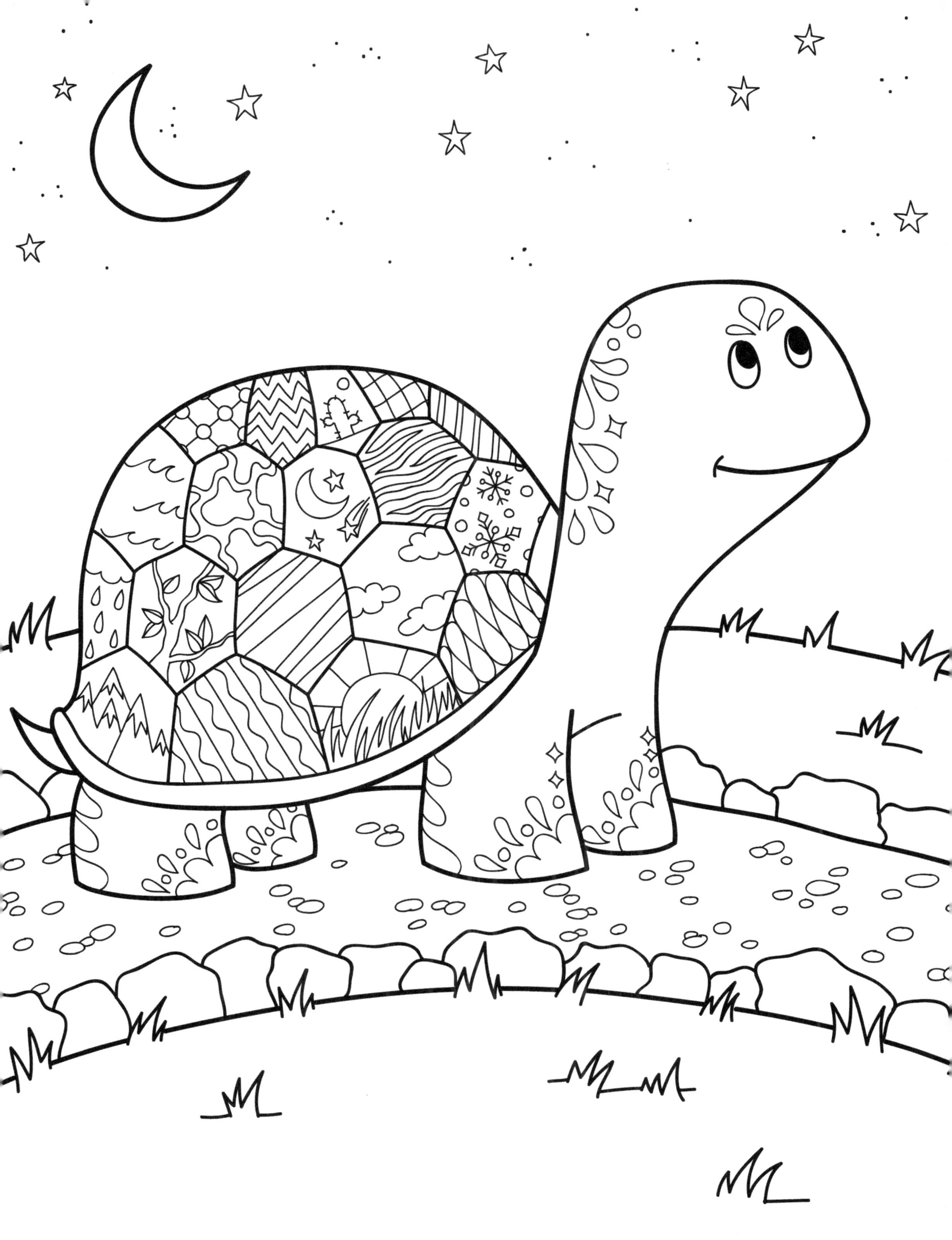

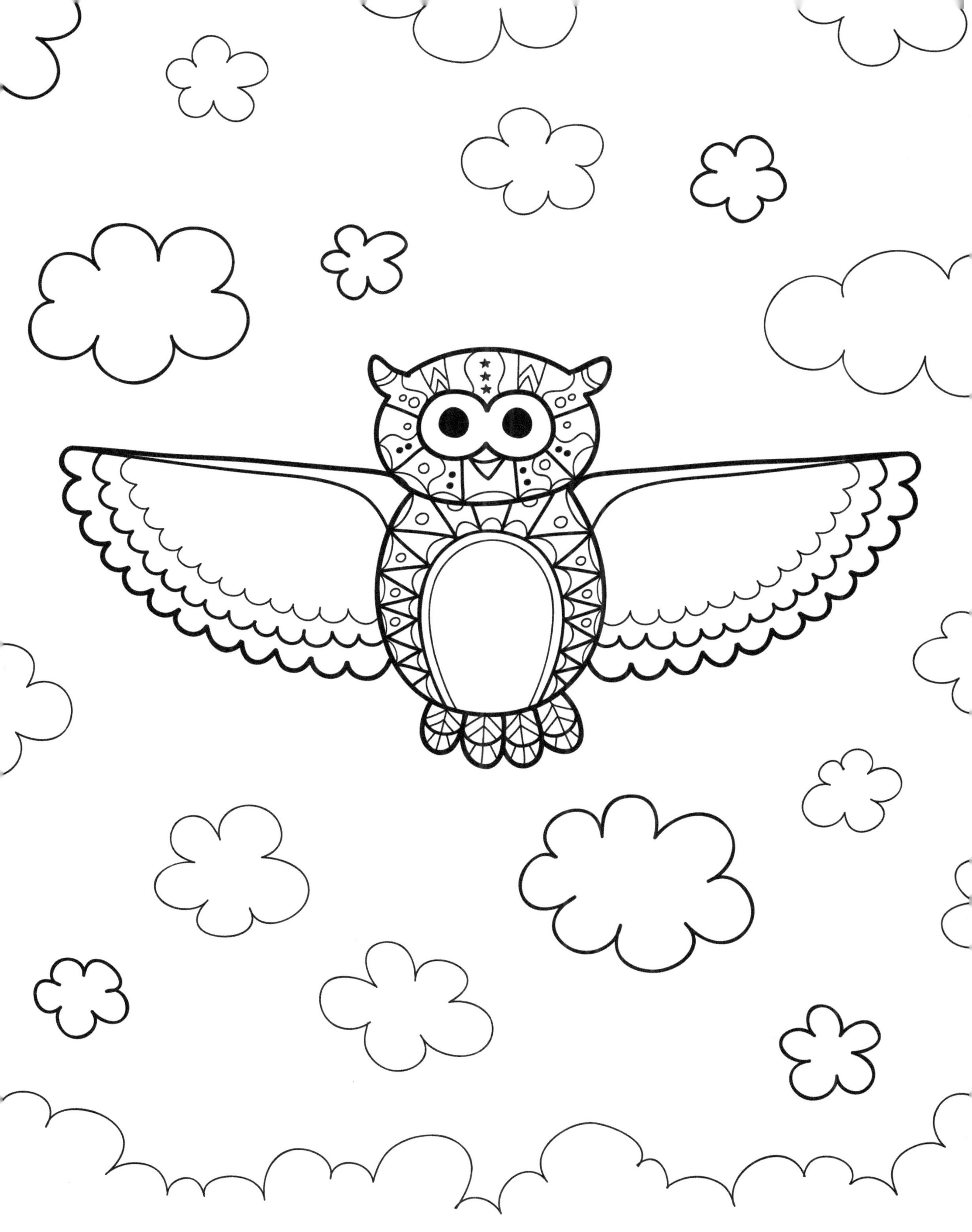

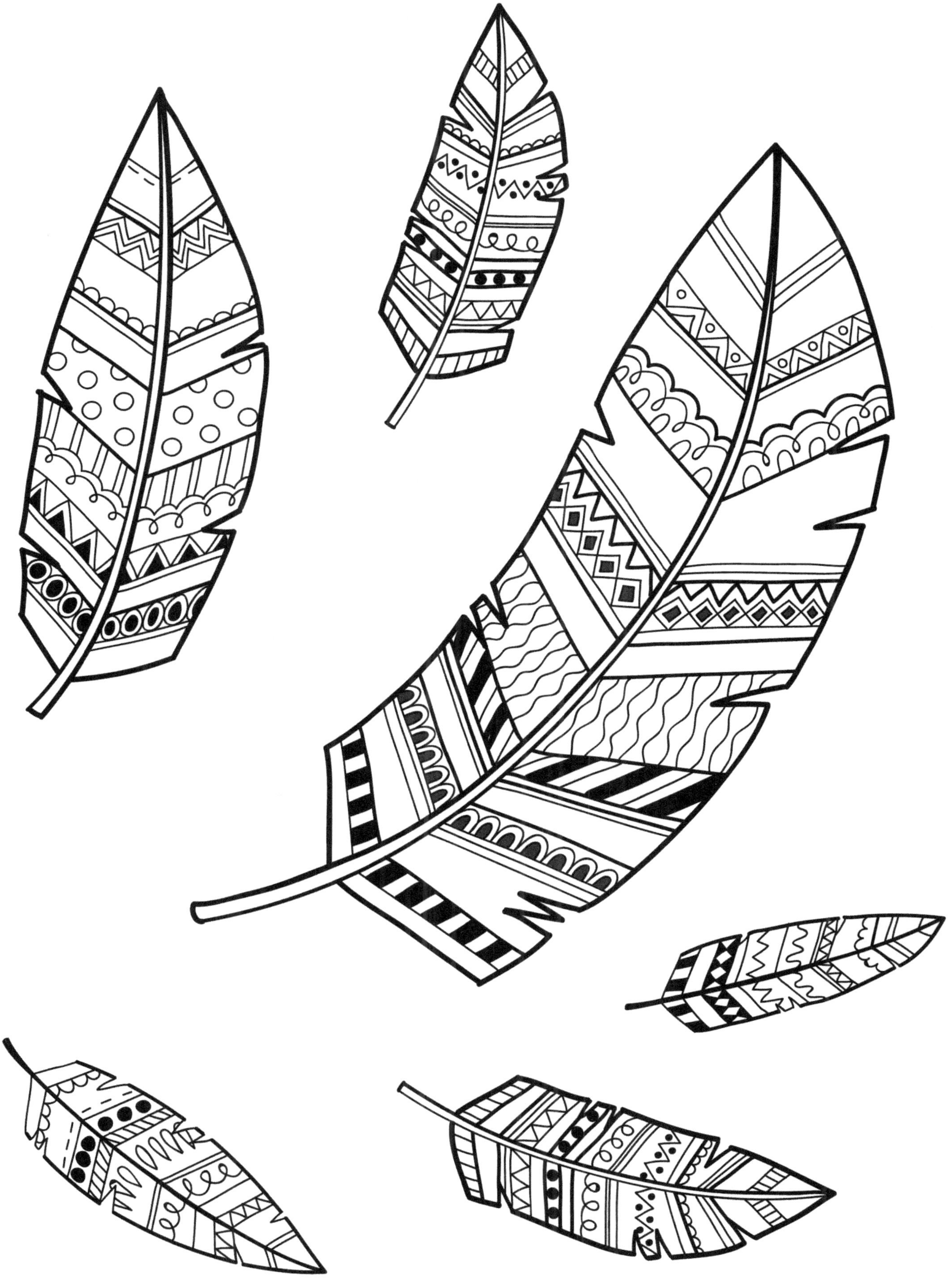

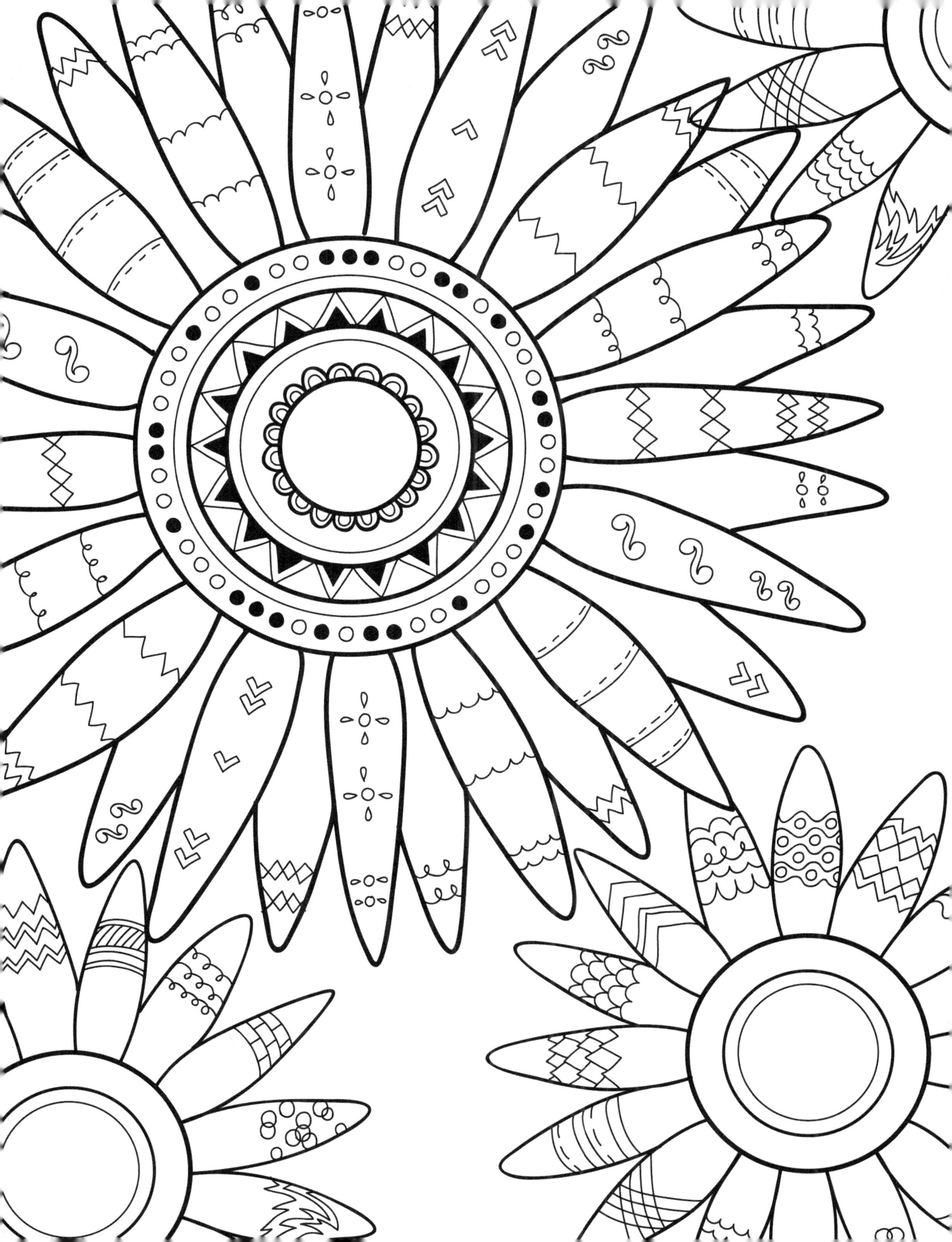

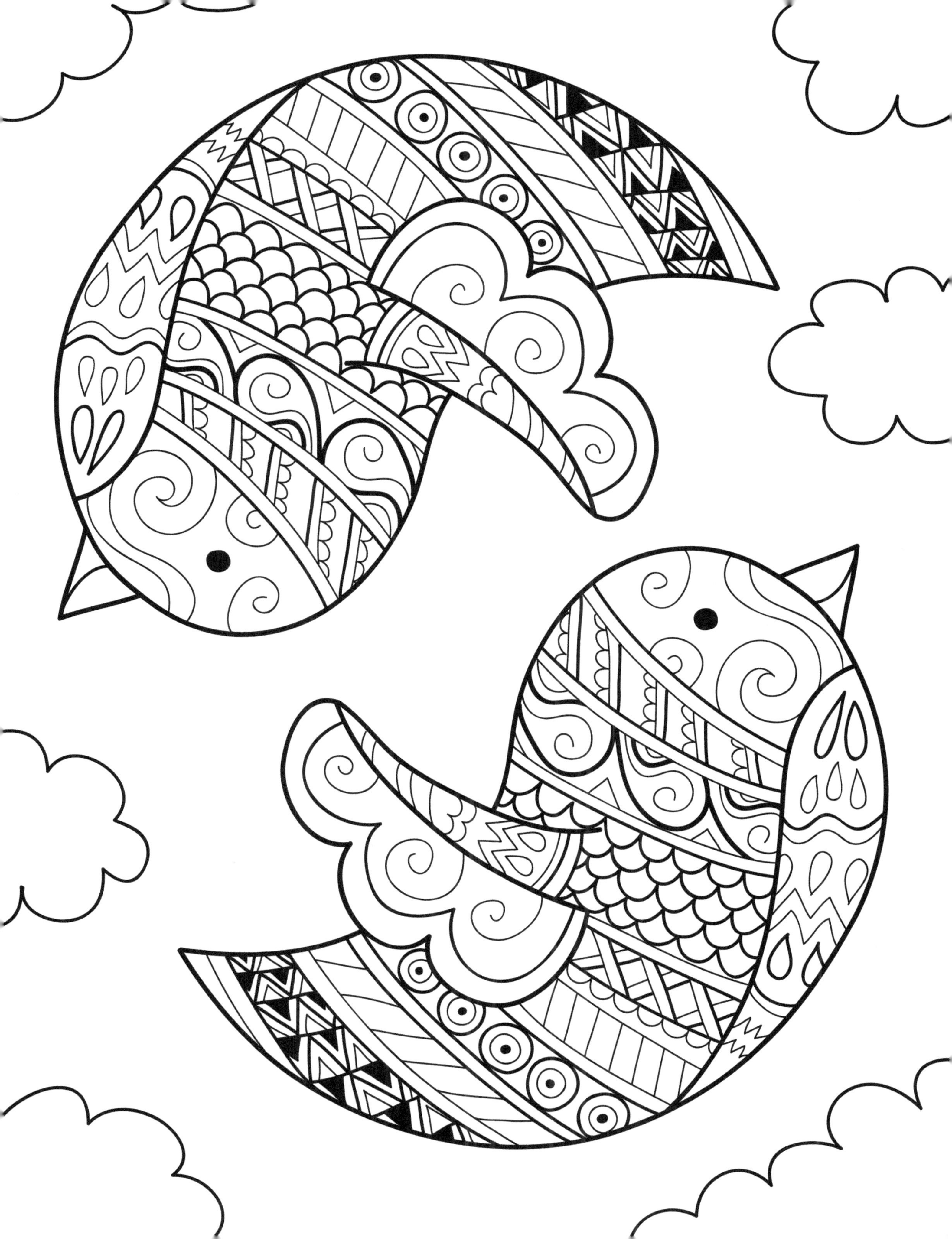

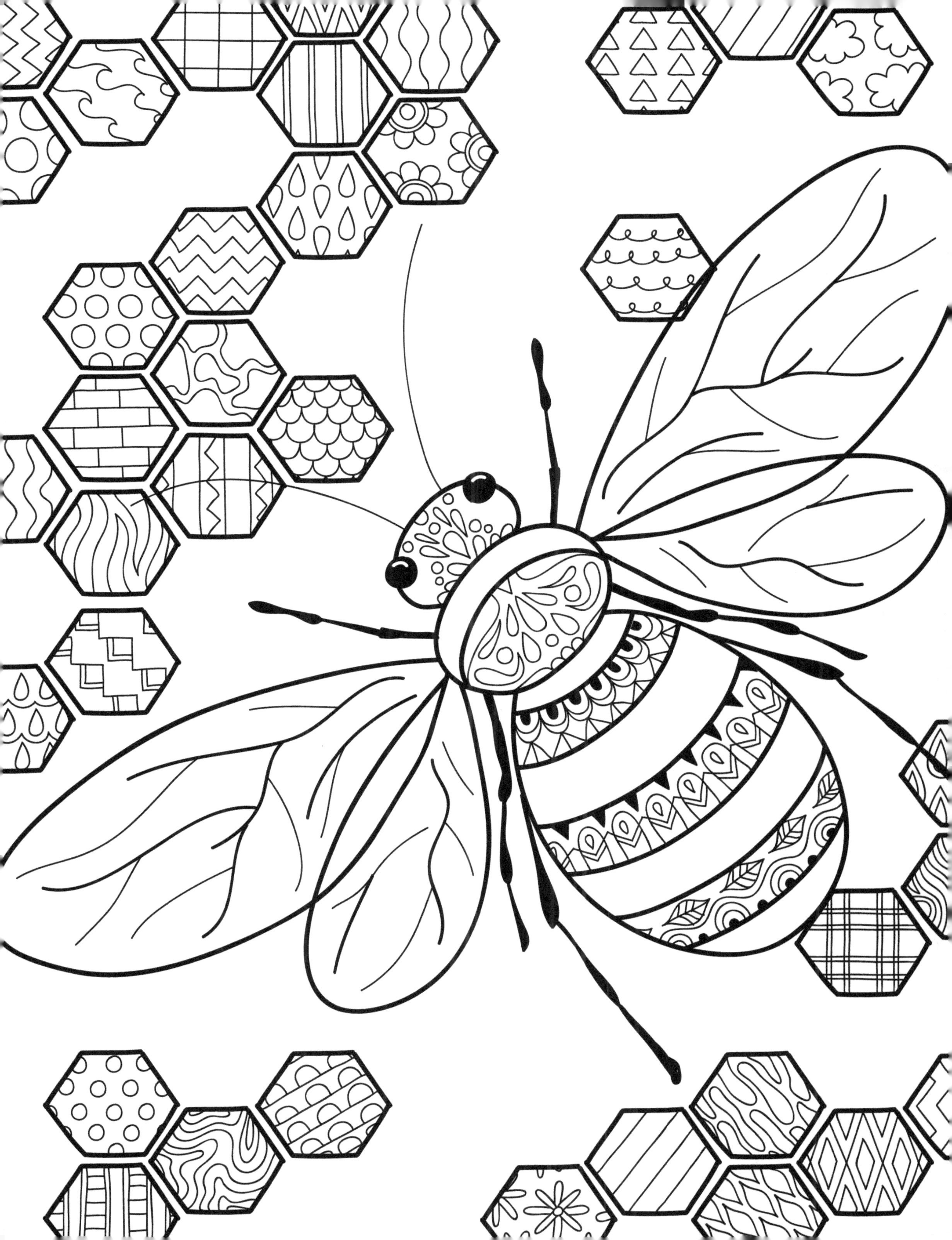

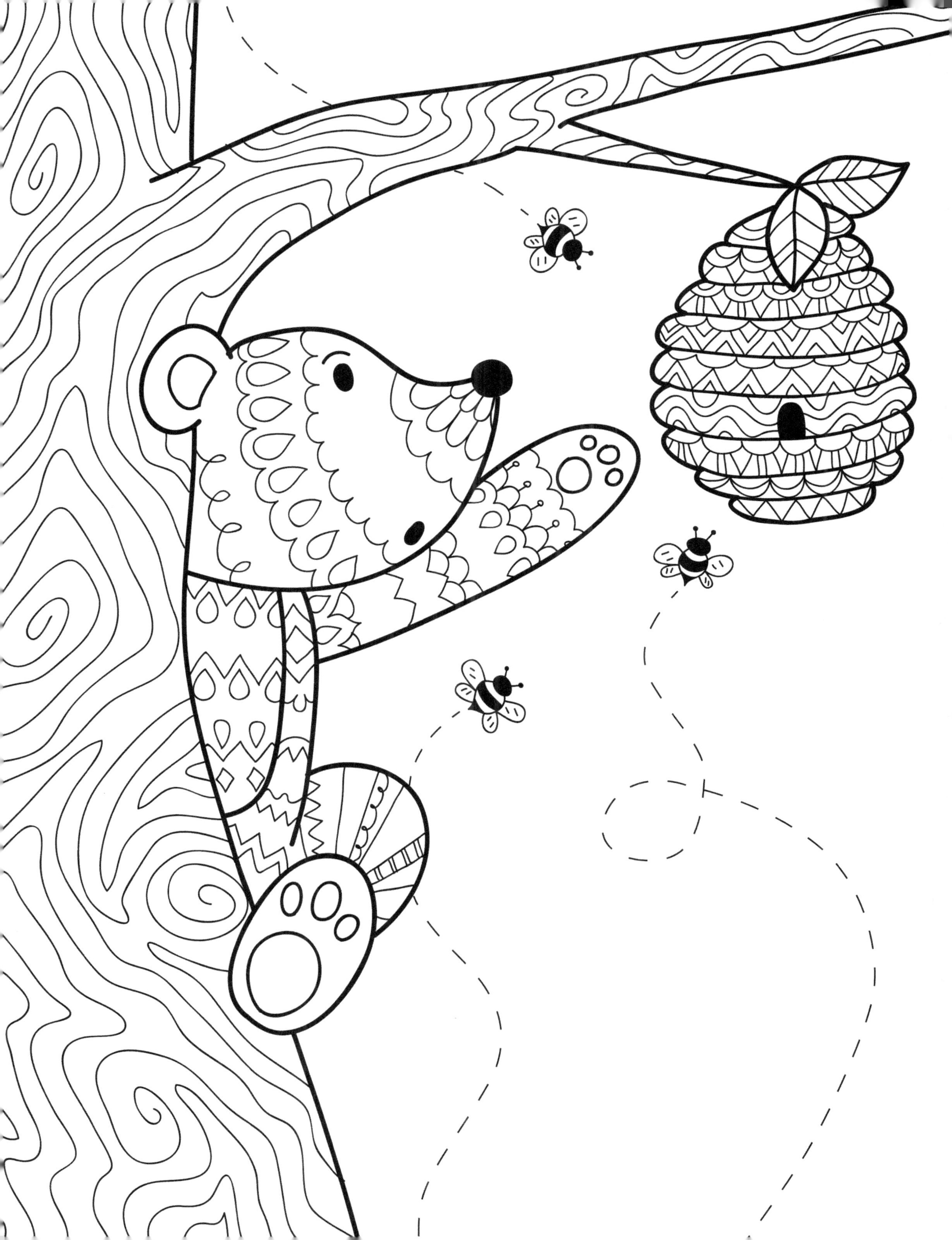

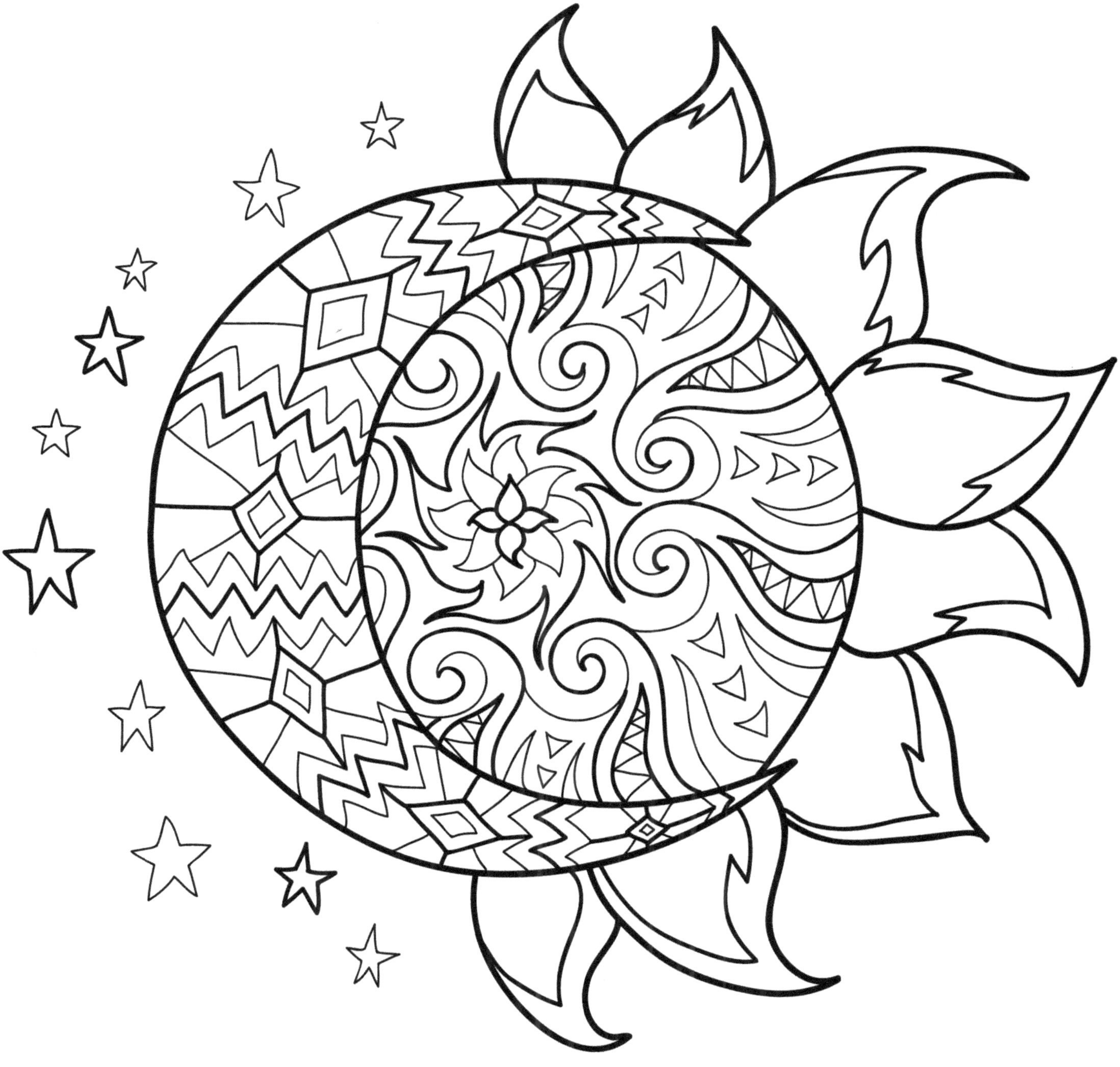

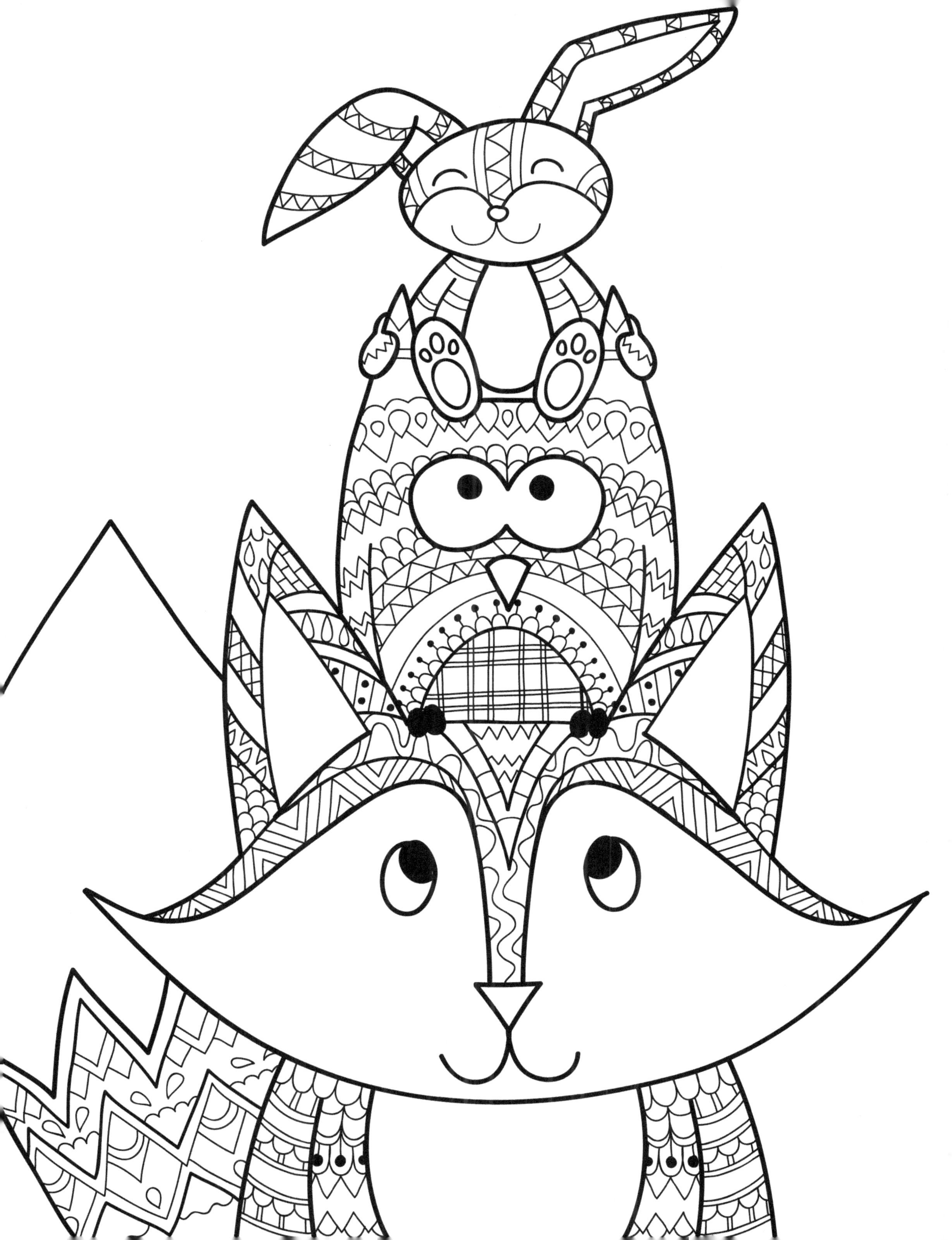

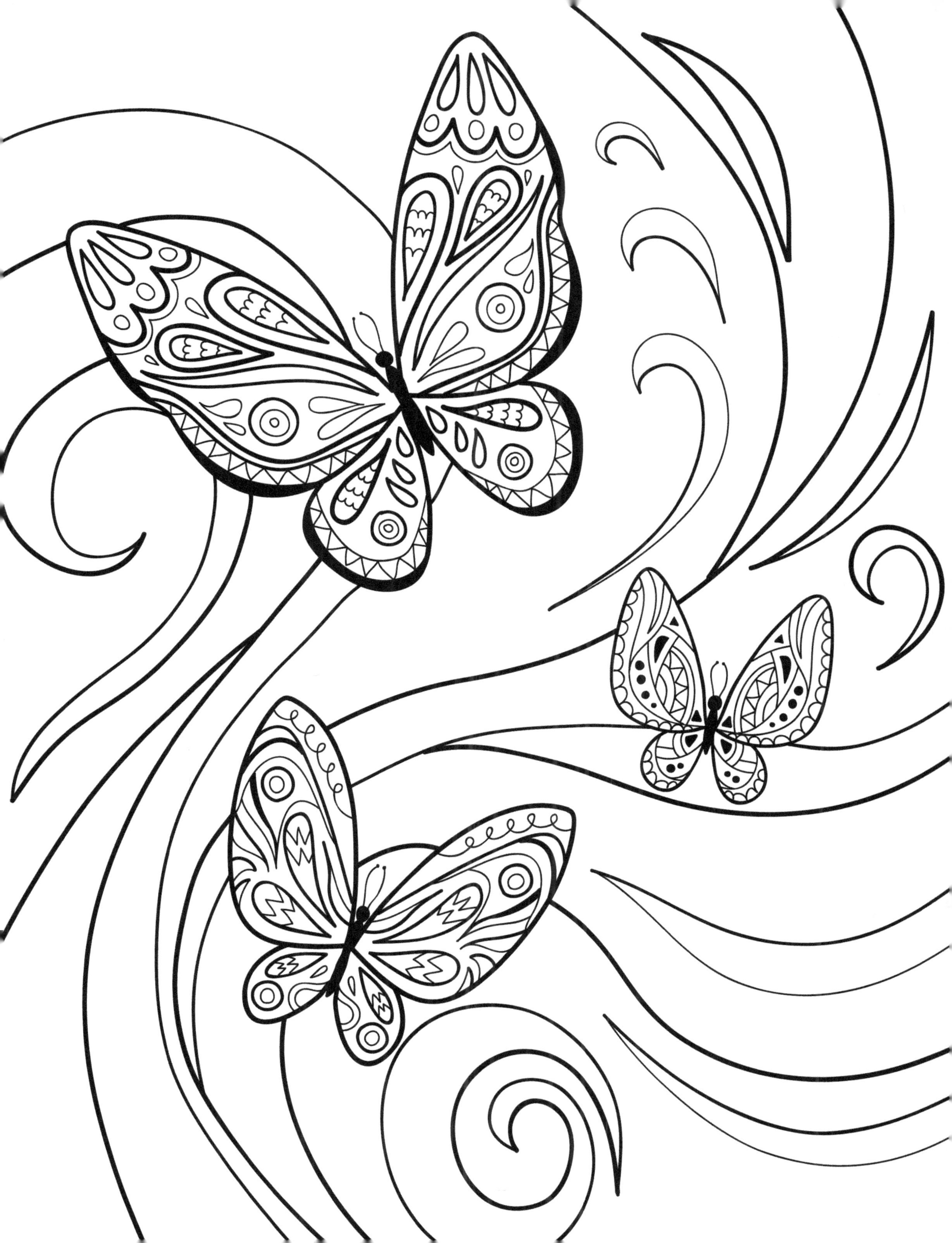

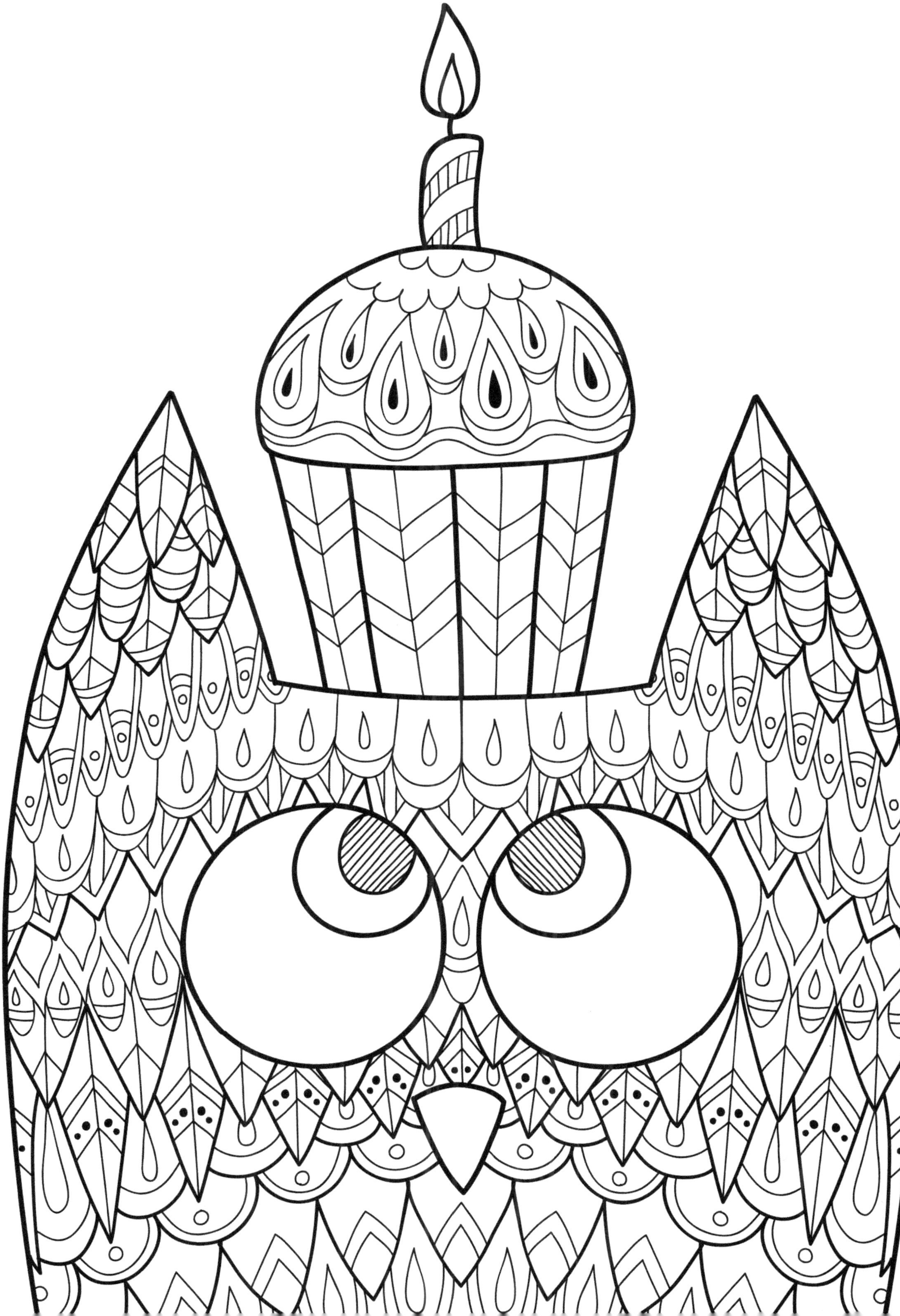

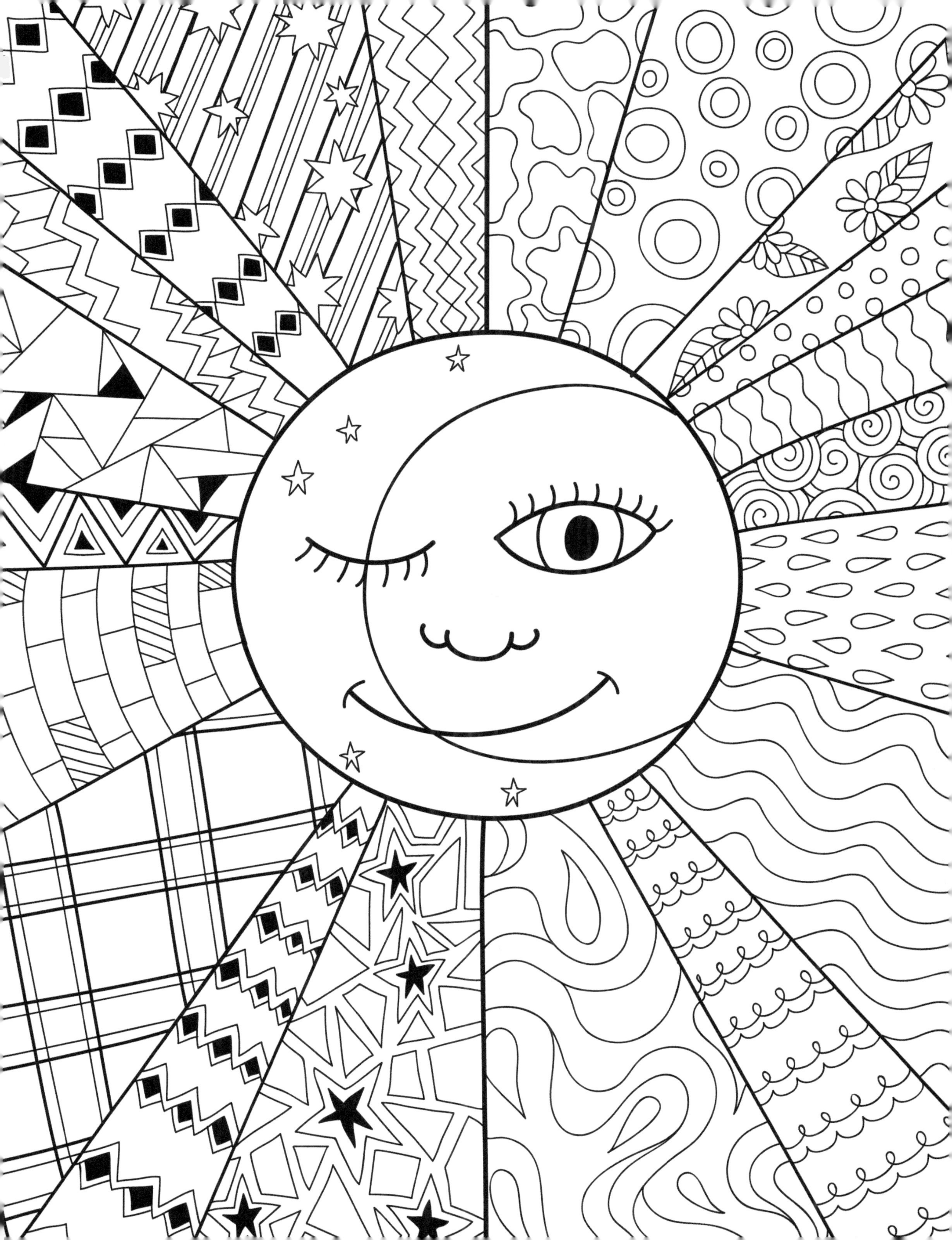

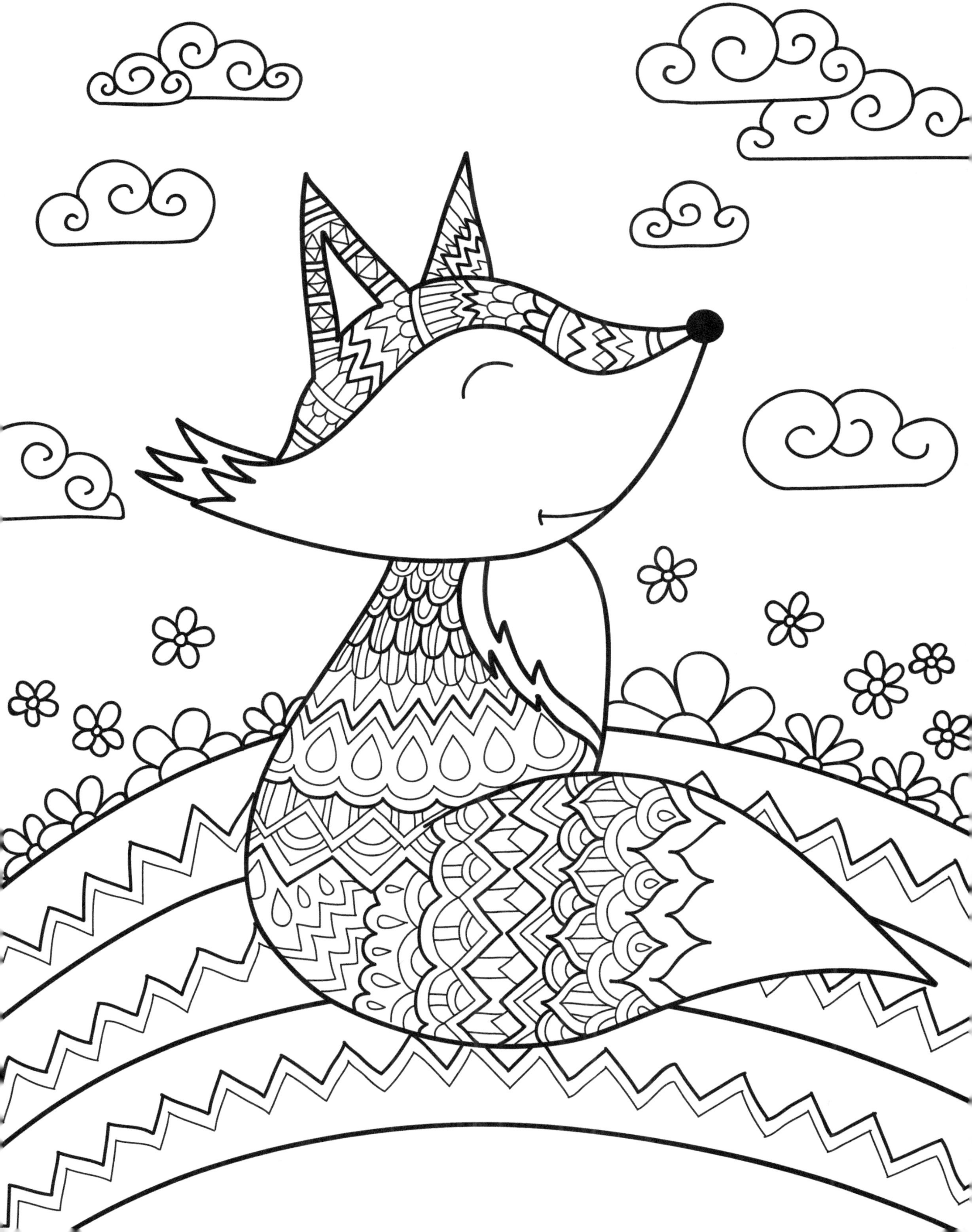

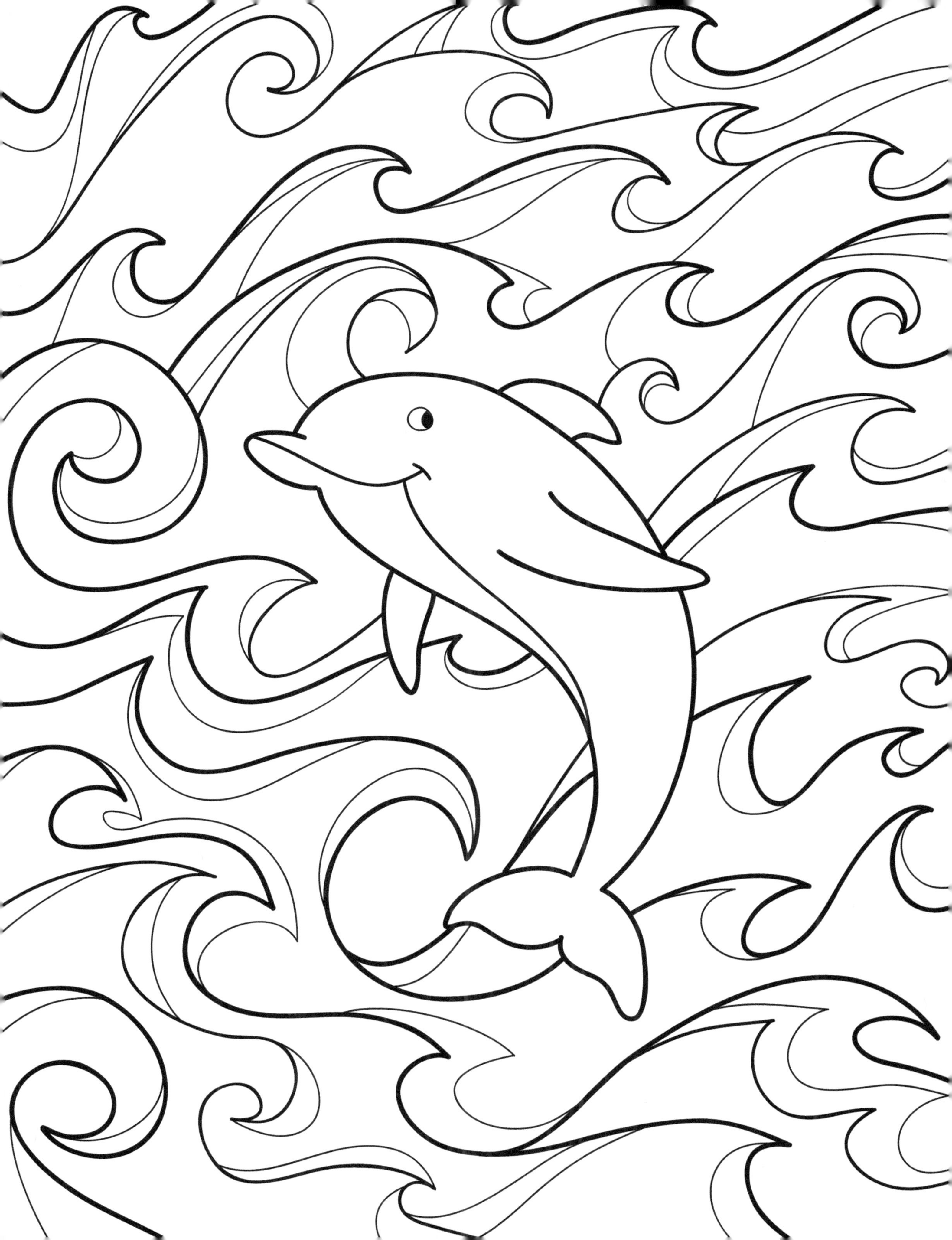

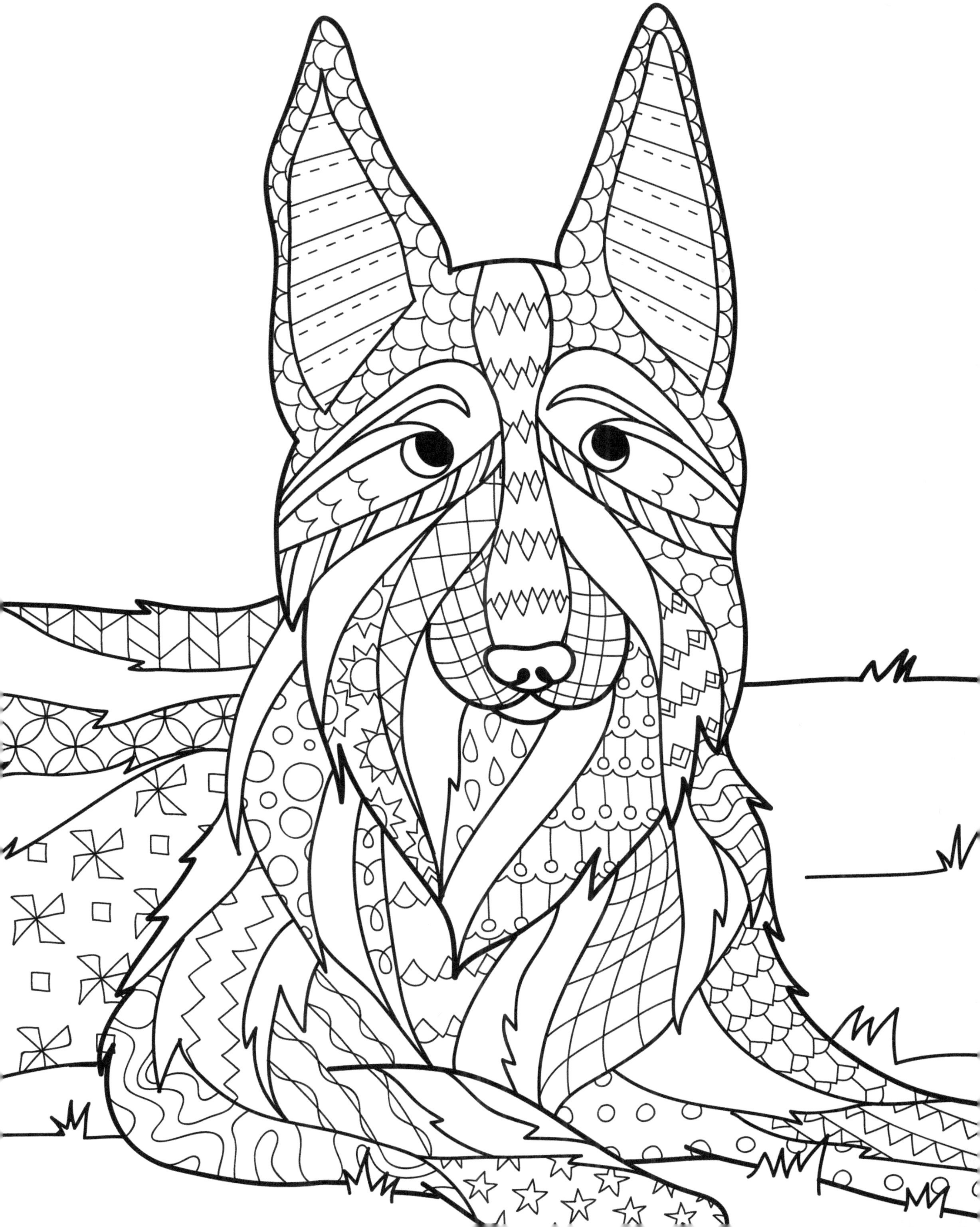

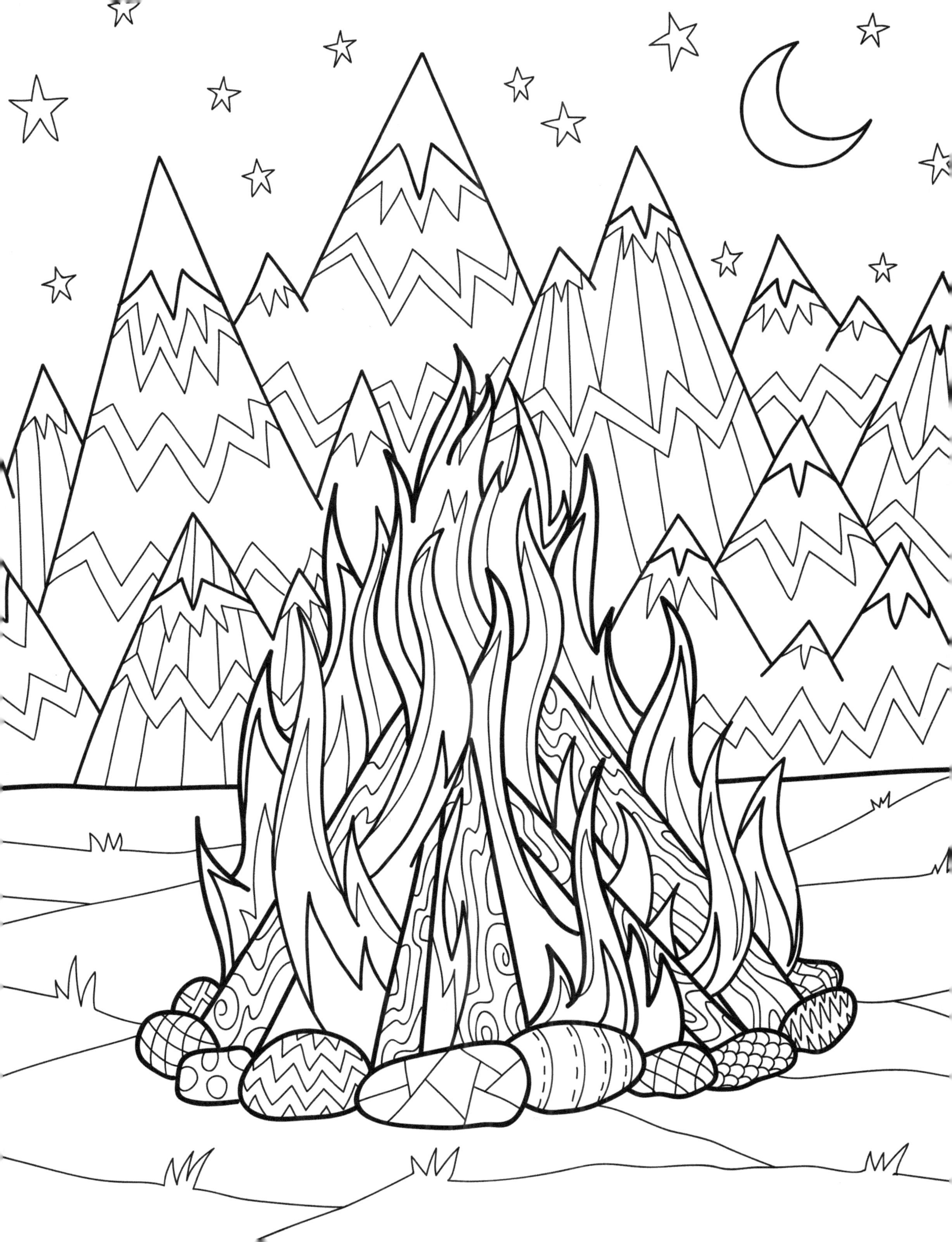

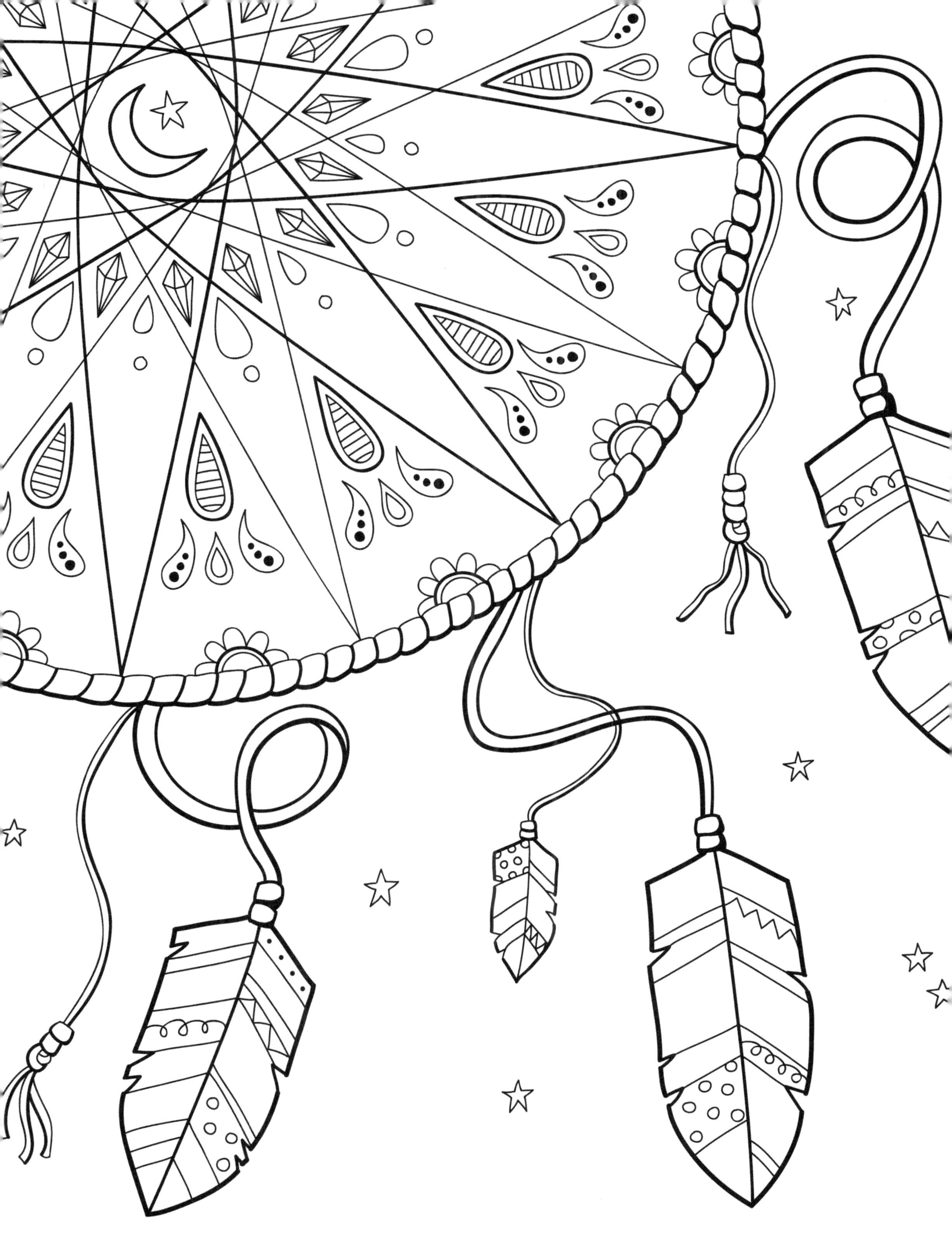

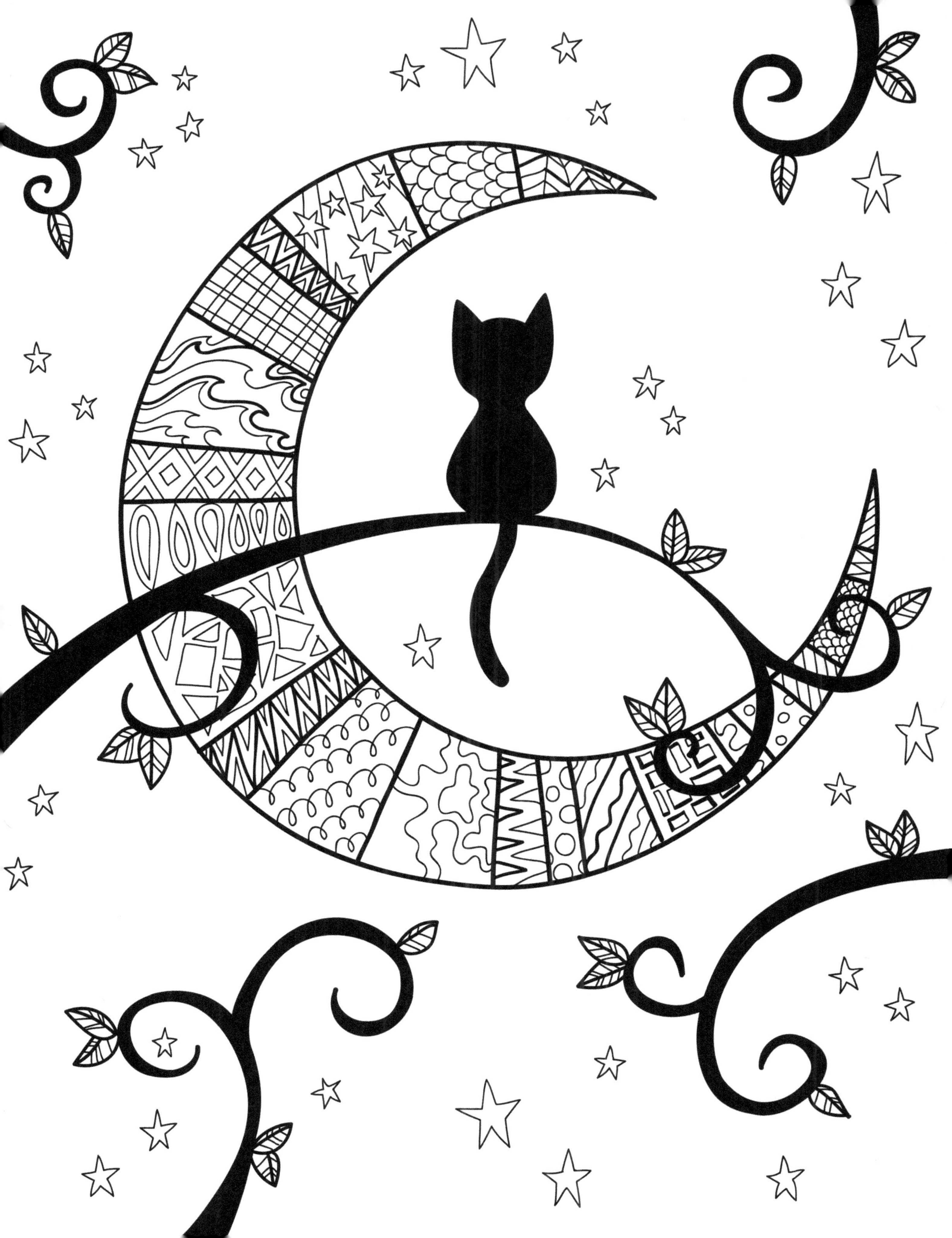

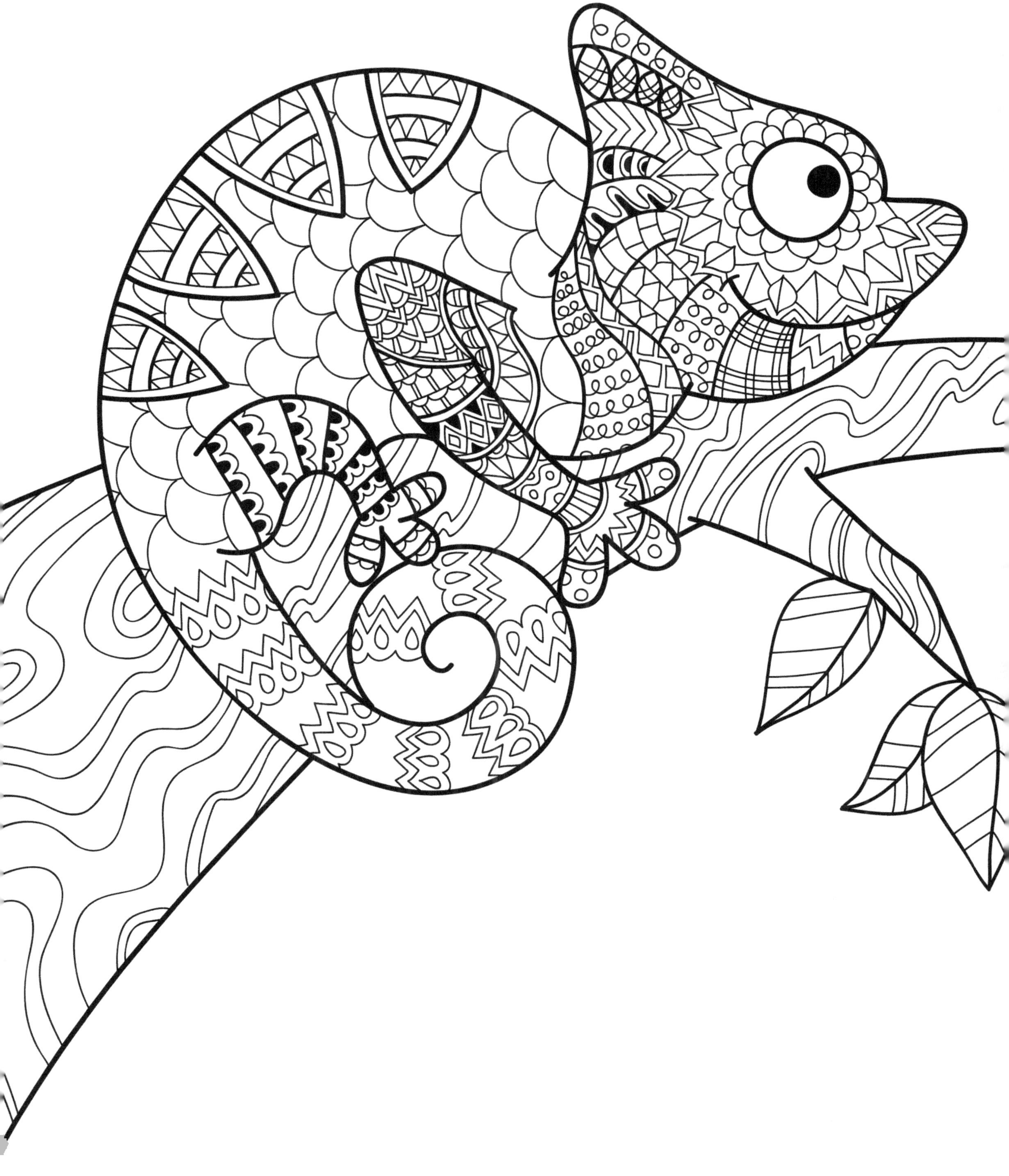

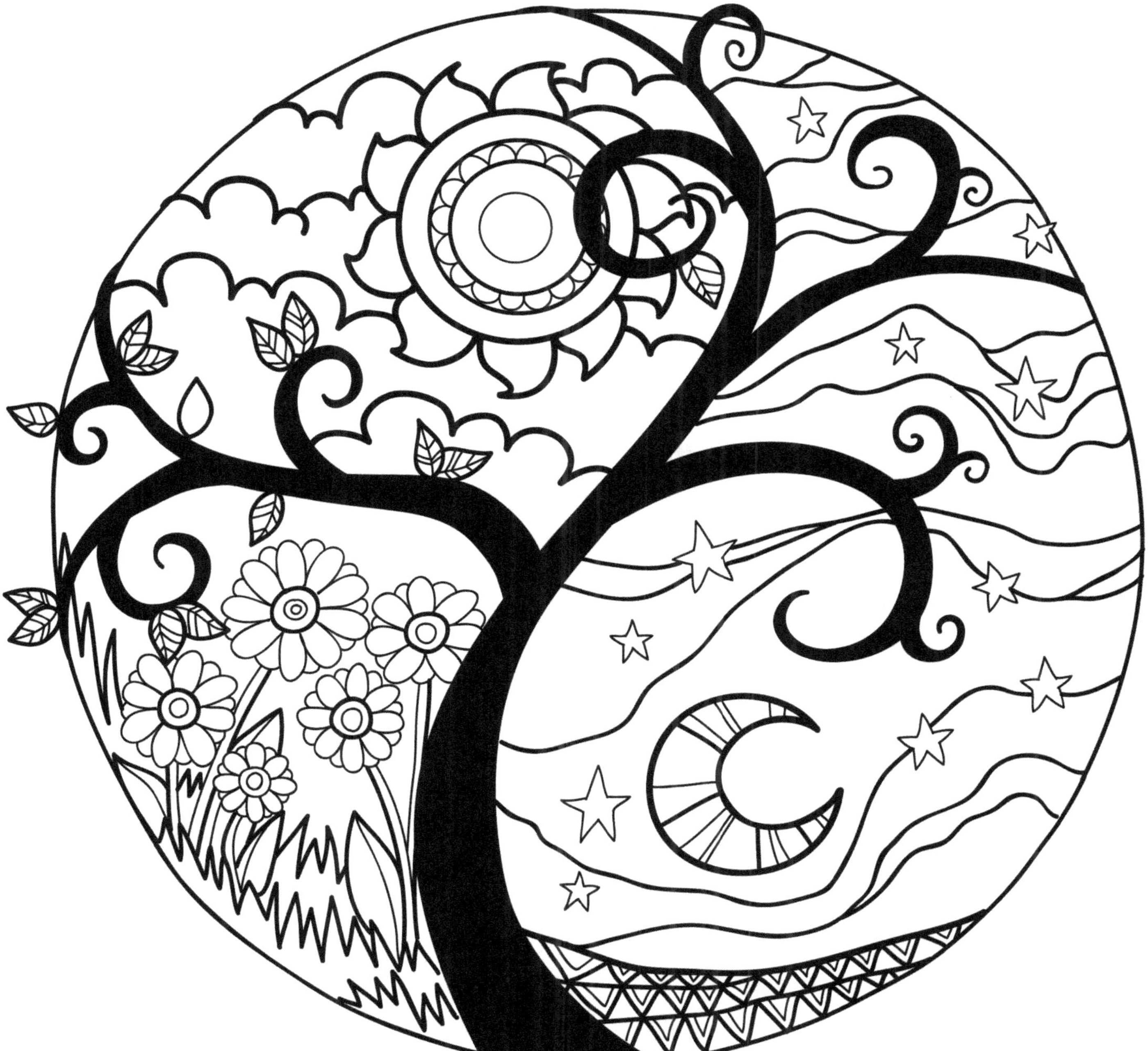

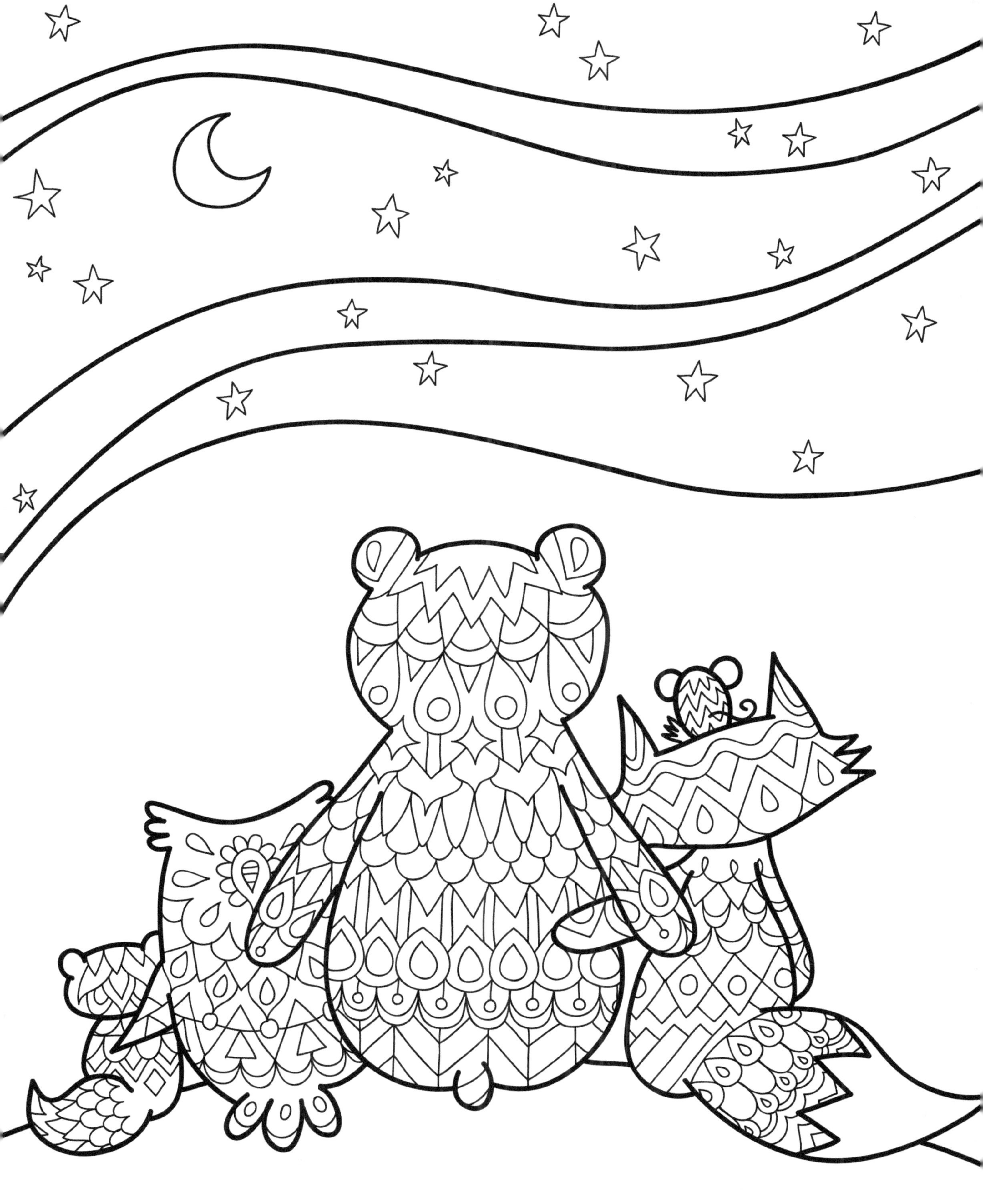

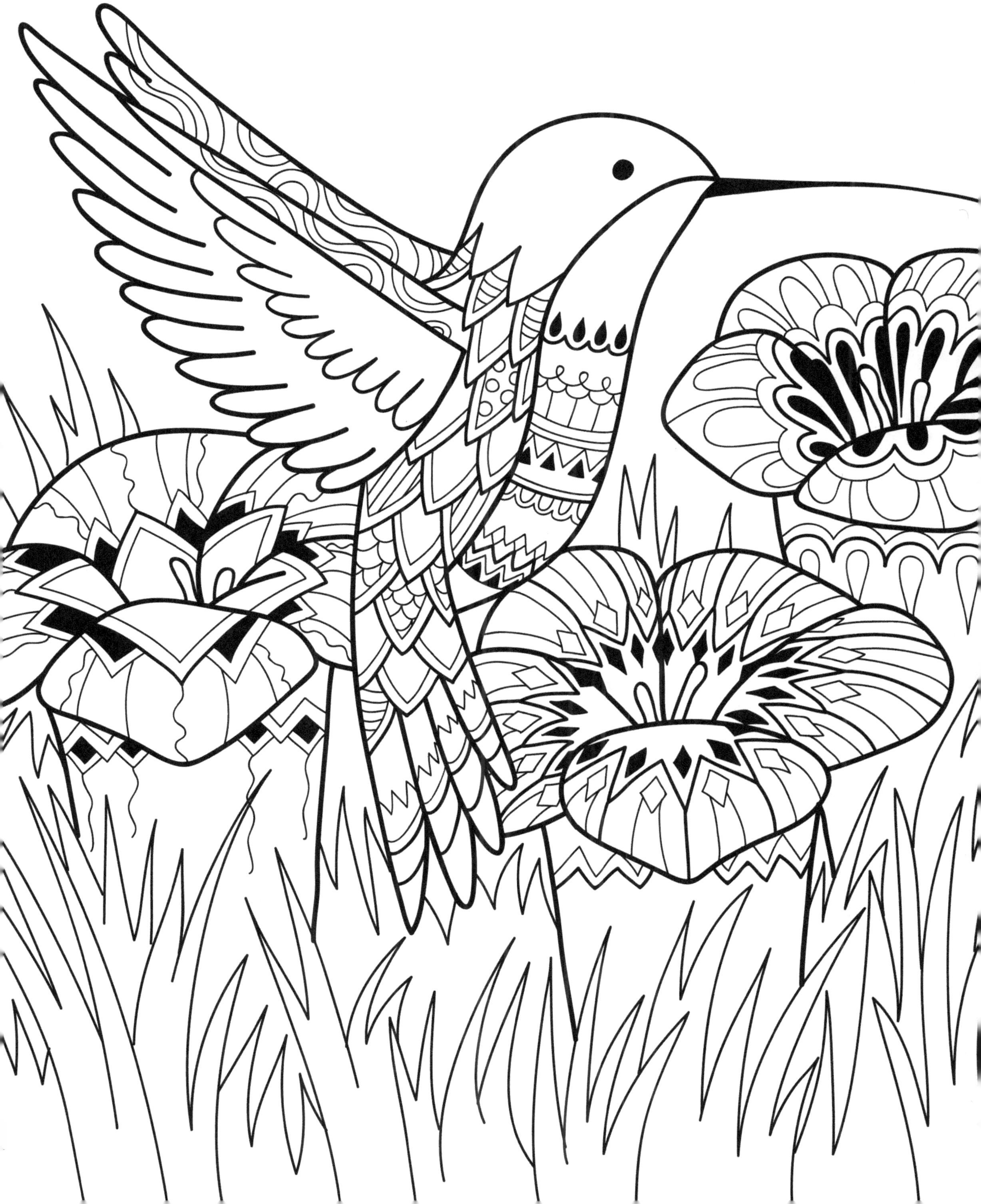

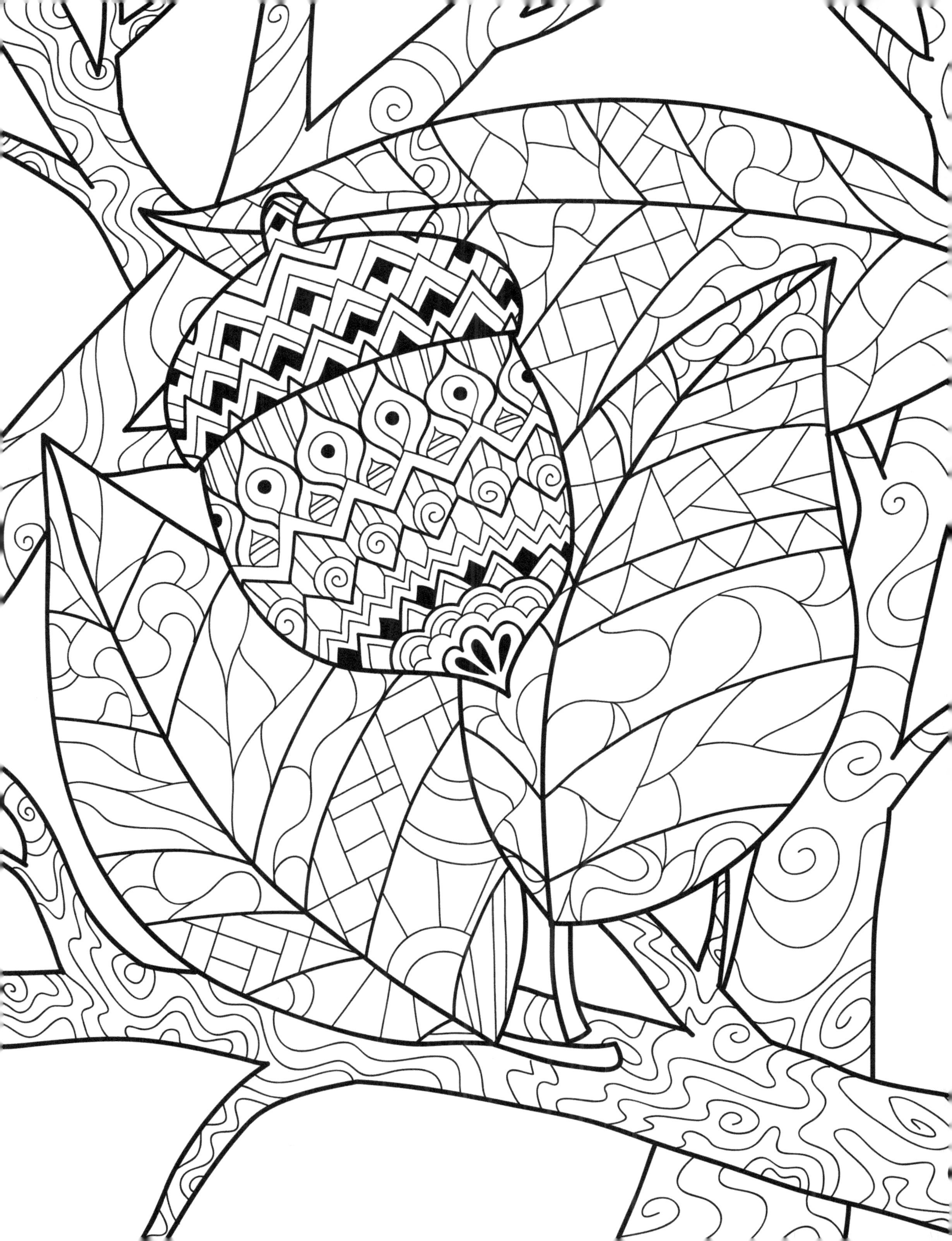

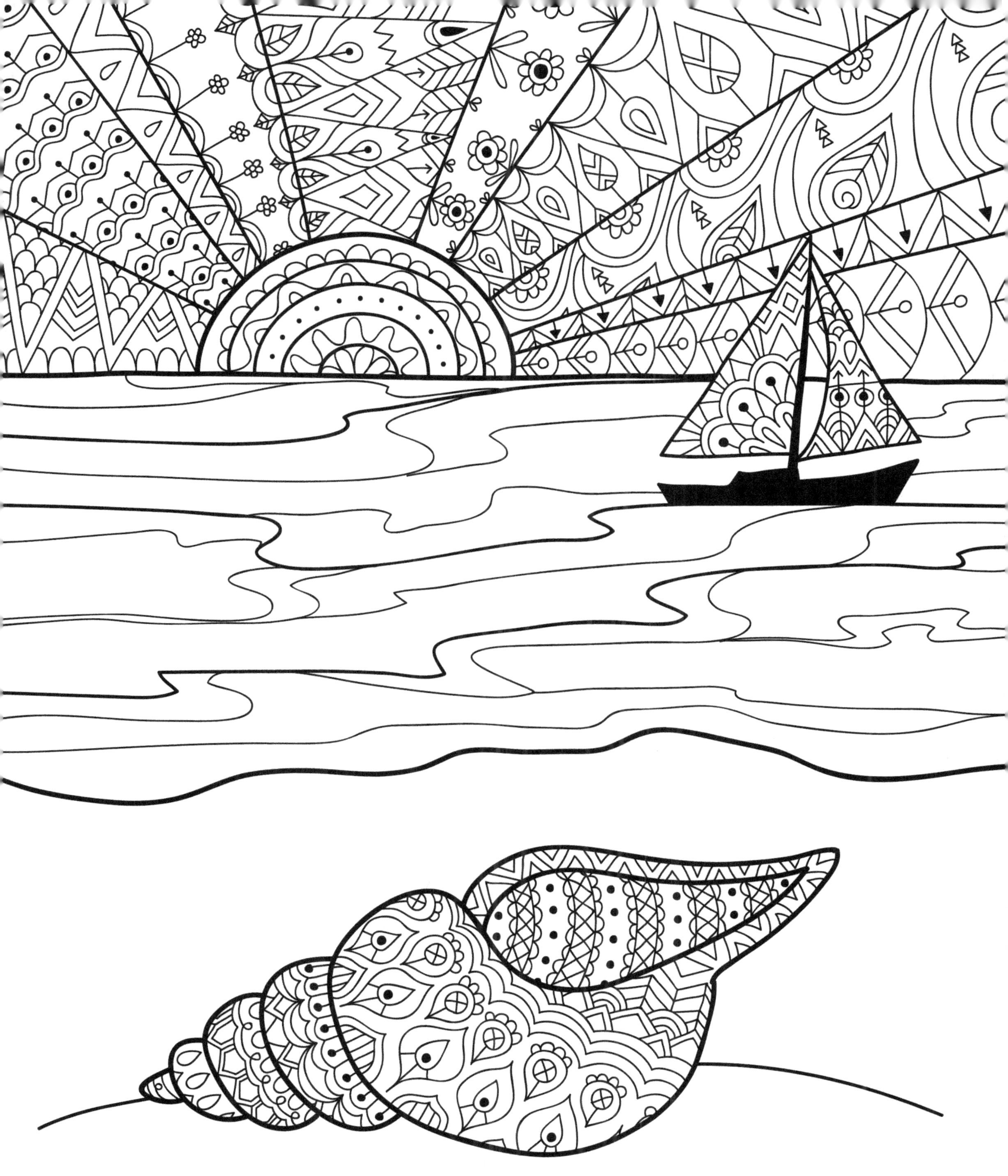

www.ingramcontent.com/pod-product-compliance
Lightning Source LLC
Chambersburg PA
CBHW052041280526
45791CB00010B/3032
* 9 7 8 0 9 8 5 5 2 3 6 2 6 *